Los grandes poemas

1887

OLEGARIO VICTOR ANDRADE

CONTENIDO

PROMETEO

Prólogo

El asunto de esta fantasía es universalmente conocido.
La fábula griega, narrada por Hesíodo, ha sido el tema de numerosos poemas.
Esquilo recogió este mito religioso de las sociedades primitivas, para personificar en él el sentimiento de la libertad, en pugna eterna con las preocupaciones.
La epopeya, el drama, hasta el romance vulgar, se han ejercitado en tan sublime asunto.
El autor de esta fantasía no ha querido hacer un poema, porque habría sido empresa loca acometer una tarea en que gastó sus robustas fuerzas el genio cosmogónico de Quinet.
No ha hecho más que un canto al espíritu humano, soberano del mundo, verdadero emancipador de las sociedades esclavas de tiranías y supersticiones.
Si ha conseguido elevarse a la altura del asunto, lo dirá la crítica, en cuya imparcialidad descansa.
A pesar de ser tan conocida esta leyenda, conviene reproducirla, para los que la hayan olvidado.
He aquí como la describe Renaud, ciñéndose a la narración de Hesíodo en su Teogonía:
"Antes hubo seres que intentaron el progreso del hombre por la fuerza del pensamiento; pero en vez de gloria, alcanzaron crueles castigos, en razón a que se suponía que los dioses veían con envidia a aquellos inventores que usurpaban algo de su poder con sus creaciones independientes. Admiraban

las proezas de la fuerza física: tronchar árboles y hacer rodar peñascos; pero les infundía miedo el ver encender lumbre, forjar el hierro, vestir, alimentar y sanar por medio de preparaciones misteriosas. Quizá habrían aceptado tales invenciones sin el temor del rayo, que parecía siempre dispuesto a herir a los temerarios. Decíanse en voz baja que Esculapio pereció de un modo terrible, porque había querido resucitar muertos con brebajes; y a veces, excitados por el terror, se hacían verdugos para adelantarse a los dioses, mataban a Triptolemo que les enseñaba la agricultura. Prometeo fue el más famoso de aquellos genios benéficos. Pertenecía a la gran raza de titanes que se rebeló contra los dioses, aunque más cuerdo que sus hermanos no tomó parte alguna en aquella lucha del orgullo, sin duda porque veía claro el desenlace de la guerra, por amenazadoras que fuesen las cohortes de los titanes. A mayor abundamiento, ¿qué le importaban aquellos furores de ambiciosos contra ambiciosos que combatían entre sí, unos para conservar el trono celeste y otros para recobrarle? Su corazón no estaba allí, lejos de aquellos poderosos, de aquellos soberbios, dioses o titanes: miraba conmovido cómo se agitaban las criaturas débiles, tímidas, sin vestidos y sin utensilios, oprimidas a la vez por la tierra y por el cielo, donde nadie se cuidaba de acudir en su auxilio. Ni titanes ni dioses pensaban en los hombres; y cuando Zeus, rey del Olimpo, salió vencedor, quiso destruir a los inocentes mortales con sus enemigos, a tal punto llegó la embriaguez de su victoria. Prometeo los salvó, y no se contentó con esto, sino que aspiró a sacarles de la condición de animales en que vivían, para lo cual robó el fuego del cielo y les enseñó a bosquejar las primeras artes con aquella especie de alma de la materia. Zeus se indignó, porque no quería la prosperidad del hombre, sino que, como amo celoso, deseaba esclavos incapacitados de elevarse. No se atrevió o no pudo quitar a los mortales el fuego, de cuya conservación cuidaban todos: pero castigó a Prometeo atándole con cadenas en un monte, no lejos del Cáucaso, entre Europa y Asia, para que el mundo entero viese el castigo, y dejándole a merced de un buitre que noche y día devoraba su hígado, que renacía eternamente.

Esquilo, el primero de los poetas griegos por su alma y su brío, genio hostil a las tiranías, porque anteponía a todo la justicia y la dignidad, compuso tres dramas con esta leyenda: Prometeo llevándose el fuego , Prometo encadenado , Prometeo libre , de cuyos dramas sólo queda el segundo, Prometeo encadenado , sin que la obra mutilada así por los siglos, haya bajado de la altura en que las inspiraciones, dejando ya de pertenecer a un forma de arte, a una patria, a una fibra especial del corazón, se confunden con el alma universal del género humano.

Prometeo es todo heroísmo, según le pinta el poeta que le encontró en los mitos religiosos. Practicaba el bien por simpatía, y aun siendo víctima de su obra, no la deploraba, porque su conciencia le sostenía en el suplicio. Con el justo orgullo de su dolor exclamaba hablando de su verdugo: "Yo tuve

lástima de los mortales y él no me ha juzgado digno de compasión."
Con efecto, el rey de los dioses no perdona a aquel emancipador de la
civilización humana; pero se ve aislado en su omnipotencia, nadie simpatiza
con él, en tanto que todos ensalzan a Prometeo. Al principio las Oceánidas,
ninfas del mar, olas con formas de doncellas, vienen a consolar al paciente
con sus cantos. Tendido en su peñasco no puede ver a las compasivas
visitantes; pero oye el ruido de su llegada 'como el de pajarillos cuyas alas
hacen vibrar el aire suavemente'.
En vano, sin embargo, quieren clamar el dolor de Prometeo, a quien sólo
una idea sostiene en su tormento, y es que un día su enemigo triunfante será
destronado. El rey de los dioses penetra la idea de su víctima, y,
atemorizado, le envía con el mensajero de los dioses la orden de que se
explique y descubra el provenir. Prometeo no desmaya con la esperanza de
verse libre. 'Jamás, amedrentado por el fallo de Júpiter, seré yo pobre de
espíritu como una mujer; jamás, como una mujer, levantaré mis brazos
suplicantes hacia a aquel a quien aborrezco con todo mi odio, para pedirle
que rompa mis cadenas: lejos de mí tan cobarde pensamiento.' El dios
impotente no tiene otra cosa que hacer sino vengarse con algún nuevo
suplicio mientras reina aún, y con efecto, emplea las amenazas para quitar a
Prometeo hasta los seres compasivos que le consuelan. El coro, más digno
que el dios, responde a su mensajero: 'Dime otras palabras, dame otros
consejos y te podré escuchar. Lo que me dices me oprime el corazón.
¿Cómo puedes ordenarme semejante villanía? Los males que sufra
Prometeo, quiero sufrirlos yo. He vivido en el odio a los traidores; la
enfermedad más repugnante es la traición.' Estalla el trueno, mugen los
vientos, se levanta el mar; y prometeo continúa invencible llamando con sus
injustos tormentos al Eter que baña los mundos refugiándose contra el dios
de un día en la naturaleza eterna."
Tal es la leyenda que ha servido de tema a ese canto, escrito para no ser
publicado, y publicado a instancia de amigos que tienen derecho a exigir del
autor sacrificios de mayor magnitud.

Obra

I
Sobre negros corceles de granito
a cuyo paso ensordeció la tierra,
hollando montes, revolviendo mares,
al viento el rojo pabellón de guerra
teñido con la luz de cien volcanes,
fueron en horas de soberbia loca
a escalar el Olimpo los Titanes.

Ya tocaban la cumbre inaccesible
dispersando nublados y aquilones
ya heridos de pavor los astros mismos en confusión horrible,
como yertas pavesas descendían
de abismos en abismos;
y el tiempo que dormía
en los senos del báratro profundo,
se despertó creyendo que llegaba
la hora final del mundo!

El Cielo estaba mudo;
y la turba frenética avanzaba
con ronca vocería,
como avanza rugiendo la marea
en la playa sombría,
cuando Jove asomó: vibró en su mano
el rayo de las cóleras sangrientas,
rugió en su voz el trueno del estrago
y encadenó a su carro las tormentas!

Temblaron los jinetes
en los negros corceles de granito;
redoblaron su saña
arrojando a los pórticos del cielo
con insultante grito
pedazos de montaña,
y volcaron los mares
para apagar en la soberbia cumbre
los rojos luminares.

Pero Jove, iracundo,
blandió sobre sus frentes altaneras
el hacha del relámpago que hiere
como a una vieja selva las esferas:
a su golpe profundo,
vacilaron montañas y titanes;
y bajó el torbellino,
heraldo de su gloria,
con la negra cimera de huracanes,
a anunciar a los mundos la victoria!

Rodó la turba impía
su espantoso vértigo a la tierra;

no volverá a flamear en las alturas
su pabellón de guerra
teñido con la luz de cien volcanes.
Cayeron los titanes
del abismo en las lóbregas entrañas;
y Jove, vengativo,
¡convirtío los corceles de granito
en salvajes e inmóviles montañas!

II

El Cáucaso, caballo de batalla
de algún titán caído
al golpe del relámpago sangriento,
se destaca sombrío
con el cuello estirado, cual si fuera
a beber en el cauce turbulento
del piélago bravío.

Sobre la negra espalda,
y entre el espeso matorral de rocas,
que fueron la melena sudorienta
donde cuelgan las nubes vagabundas
sus desgarradas tocas
y en la noche desciende
a dormir fatigada la tormenta.

Tendido está el gigante,
que amarraron los ciclópeos soberbios
tras larga lucha fiera
con templadas cadenas de diamante:
aun su pecho jadea
como cráter hirviente;
y cada vez que se retuerce inquieto,
el sol vela su frente
y la vieja montaña bambolea.

Hogueras son sus ojos,
rojas hogueras que atizó el encono,
antorchas funerarias de la noche
de su eterno abandono.
Y no es un grito humano
lo que exhala su pecho

-que no tiene el dolor tan rudas notas-,
es el estruendo del volcán que estalla,
el grito del torrente en la espesura,
choque de aceros y corazas rotas
en el fragor de la feroz batalla!

Sólo el Ponto responde a los rugidos
que lanza en su desvelo,
y llama en su socorro con voz lúgubre
a las inquietas ondas del Egeo.
Es que también él lucha;
lucho con lo imposible y siempre espera.
Salvaje enamorado
quiere arrastrar consigo a la ribera,
y la ribera sorda
escapa de sus brazos,
dejándole en la lucha misteriosa
de su veste de juncos los pedazos!

En vano el Ponto grita
y se endereza embravecido y fiero
¡Él es también gigante encadenado!
¡Es también prisionero!
No romperá la valla que lo cerca,
ni extenderá su turbulento imperio.
Basta una faja de menuda arena
para atarlo en perpetuo cautiverio.

¡El titán no se abate!
¡Es que el dolor enerva a los pigmeos
y a los grandes infunde nuevos bríos!
Cada día es más bárbaro el combate
y más ruda su saña;
si afloja un eslabón de su cadena,
su martillo invisible lo remacha
sobre el yunque infernal de la montaña.

Convidados hambrientos
al salvaje festín de su martirio,
vienen los cuervos en revuelta nube;
verdugos turbulentos,
que Jupiter envía enfurecido
a desgarrar la entraña palpitante

de su rival temido.

Suelta el titán los brazos
en actitud cobarde y dolorida
al sentir su frenética algazara;
parece que cayera anonadado
bajo el horrible peso de la vida!
¿Qué maza lo ha postrado?
¿Qué golpe lo ha vencido en la batalla?
¡Es que después del rayo de los dioses
viene a escupirle el rostro la canalla!

Así en la larga noche de la historia
bajan a escarnecer el pensamiento,
a apagar las centellas de su gloria
con asqueroso aliento,
odios, supersticiones, fanatismos;
y con ira villana,
el buitre del error clava sus garras
en la conciencia humana!

"¡Oh Dios caduco! grita
el titán impotente:
Como esta negra carne que renace
bajo el pico voraz del cuervo inmundo,
renacerá fulgente
para alumbrar y fecundar el mundo
la chispa redentora
que arrebaté a tu cielo despiadado,
germen de eterna aurora
del caos en las entrañas arraigado!

"Desata, Dios caduco,
la turba labradora de tus vientos;
sacude los andrajos de tus nubes,
y acuda a tus acentos
la noche con sus sombras,
con montañas de espuma el Océano,
¡no apagarán la luz inextinguible
del pensamiento humano!

"¡Qué importa mi martirio,
mi martirio de siglos, si aun atado,

Júpiter inmortal, yo te provoco
Júpiter inmortal, yo te maldigo?
¿Si el viejo Prometeo, el titán loco,
el mártir de tu encono
siente tronar la ráfaga tremenda
que va a tumbar tu trono?

"Tres siglos no he dormido
tres siglos de tormentos.
No hay astro qeu no se haya estremecido
al sentir mis lamentos,
ni nube que al pasar no haya vertido
en la copa de aromas del ambiente,
una gota de llanto
para mojar mi frente.

"A veces he llorado,
y el raudal de mis lágrimas heladas
corrió por la ladera
con ruido de cascadas.
El Araxa sombrío,
dragón de negras fauces,
que se calienta al sol en la pradera,
es hijo de mis lágrimas. Por eso
lanza gritos tan hondos,
y atrae cuando se acerca a su ribera.

"De vez en cuando, siento
sollozos de mujer a la distancia:
es Hesione, la mártir, que se queja
en el fondo del valle abandonada.
Las águilas del Cáucaso que pasan
y la nube bermeja,
que recibió en la faz ruborizada
el ósculo del sol en el ocaso,
le cuentan mi martirio
y me traen el mensaje de su pena,
el mensaje tiernísimo que escucho,
sacudiendo mi bárbara cadena!

"¿Qué me importan tus tormentos,
tus tormentos de siglos, Dios airado?
¿Si en la lengua sonora de los vientos

me transmite los himnos de su alma,
como al través del médano abrasado
va el polen de la palma?
¿Si en el trémulo seno,
como el rayo en los negros nubarrones,
lleva ella palpitando
el feto colosal de las naciones?

"¡Desata tus borrascas!
Lanza a los aires tu bridón de llama,
caduco soberano,
y despliega en los cielos tenebrosos
tu sangriento oriflama!
Será tu empeño vano;
soplo estéril tu aliento.
Yo he engendrado el titán que ha de tumbarte
de tu trono de nubes:
"¡el titán inmortal del pensamiento!"

"Ayer la tierra muda
flotaba en los abismos de la nada,
como una urna vacía
al soplo del azar abandonada,
y en sus hondas y frías cavidades
sólo el eco se oía
del monólogo eterno de las sombras,
y el rumor de las roncas tempestades.

"Hoy la tierra está viva: alguien habita
el fondo de los mares;
germen de vida y juventud palpita
en sus bosques de acidias y corales.
No es el viento el que gime en la maraña
de las selvas sonoras;
ruido de alas abajo, y en el cielo
parece que revientan
semilleros de auroras!

"Júpiter: aturdido con tu gloria,
embriagado de orgullo,
no sientes en los senos del abismo
lo que siente arrobado Prometeo!
Algo, como un arrullo

en el nido de nieblas del vacío,
del misterioso emjambre el aleteo,
cual si bandas de estrellas ensayasen
su plumaje de luz, para lanzarse
a lucir en los campos del espacio
su espléndido atavío!

"Aquella sombra muda,
aquel eterno esclavo, peregrino,
que lanzaste sin rumbo
en las negras jornadas del destino,
ya no va caviloso,
temblando del rumor de su pisada,
lleva la frente erguida
de misteriosa aureola circundada!

"Hay luz y voz en ella:
es flor recién abierta,
cuya blanca y espléndida corola
tiene el perfume agreste de las cumbres
el latir convulsivo de la ola;
en breve de su seno
voalrán las ideas
-mariposas de luz del pensamiento,
y asombrarán el mundo con sus alas,
más sonoras que el viento!

"Ellas me vengarán, Jove caduco:
serán mis herederas.
Yo arrojé en el cerebro de los hombres
semillas de volcán, germen de hogueras.
Desata el huracán de tus furores,
redobla mi tormento;
que ya viene el titán que ha de vengarme:
"el titán inmortal del pensamiento!"

Dijo y calló: no ya desesperado,
torva la faz, revuelta la pupila,
sino grave, sereno, resignado,
como quien sin vencer, sabe que es suya
la victoria final y no vacila.
Algo, como el fulgor de una sonrisa,
iluminó su frente,

débil chispa encendida
en helados montones de ceniza!

III

No volvió a retumbar en la montaña
el grito del titán retando al cielo;
ni temblaron las nubes, ni los astros
detuvieron su vuelo
para mirar la bárbara batalla;
ni el negro Ponto amotinó sus ondas
crispado y convulsivo,
para arrancar de su prisión eterna
al gigante cautivo.

Reinó la soledad en la alta cumbre,
que habitó el huracán encadenado,
y descendió el Araxa gemebundo
con torpe pesadumbre,
a arrastrarse callado en la llanura,
como del alma en el profundo cauce
desatan en silencio los recuerdos
sus ondas de amargura.

¡Siempre el gigante en vela!
El cielo era la página sombría
en que al débil fulgor de las estrellas
las misteriosas sílabas leía
de su destino fiero;
y el errante cometa,
que en la lejana cumbre aparecía,
su torvo y taciturno mensajero.

De vez en cuando oía
como ruido levísimo de espumas
en las inquietas algas detenidas;
como el roce ligero
de fantásticas plumas
que tocaban su sien calenturienta,
murmullo blando de hojas,
de un árbol invisible desprendidas
después de la tormenta.

No eran rayos de luna,
ni jirones de niebla desgarrados
por el aire liviano:
era el coro armonioso
de las gentiles hijas del Océano,
que a la luz del crepúsculo salían
de sus grutas azules,
y en torno del titán encadenado
los húmedos cabellos sacudían.

"No duermas, Prometeo",
al pasar a su oído murmuraban,
desatando en su alma
las ansias infinitas del deseo.
"¡No duermas! que el Olimpo se estremece
con inquietud extraña,
y truenan los abismos,
como truena el volcán en la montaña!"

Prometeo velaba,
fijo el ojo en las lóbregas esferas
que como enormes olas palpitaban,
y atento al ruido sordo
que las brisas del valle le traían,
el ruido de las razas que hormigueaban
del Cáucaso en las negras madrigueras.

IV

Una tarde... ya el sol desfallecía,
como herido impotente,
en los brazos oscuros
del enorme fantasma de Occidente,
cuando sintió temblar la dura roca
en que apoyó tres siglos la cabeza,
y oyó en los aires algo,
como un tropel de fieras
retozando del bosque en la maleza.
Inquieto y tembloroso,
interrogó a las nubes que rodaban
por el espacio mudo,
como gigantes témpanos de nieve
que desprende impaciente

el huracán sañudo.
Las nubes le dijeron
que el Olimpo crujía,
y que los viejos Dioses expiraban
en horrenda agonía.

Y la voz quejumbrosa
de las gentiles hijas del Océano,
que en su pecho vertía
las infinitas ansias del deseo,
volvió a sonar dulcísima en su oído
para decirle en melodioso idioma:
"¡Despierta, Prometeo,
que en las lejanas cumbres
un nuevo sol asoma!"

Volvió el Titán a sacudir airado
sus duros eslabones,
que al esfuerzo supremo rechinaron;
y las rocas cayeron
como viejos torreones
por el rayo de Júpiter heridos,
y los cuervos hambrientos se alejaron
con lúgubres graznidos.

V

¡Ya el gigante está en pie! ya la montaña,
ara de su martirio,
que empapó con la sangre de su entraña
y aturdió en la embriaguez de su delirio;
la montaña, testigo dolorido
de su tremenda historia,
es su negro caballo de pelea:
¡el pedestal soberbio de su gloria!

¿Qué ve en la inmensidad desconocida
que su impaciencia calma,
y otra vez avasalla
con cadenas de asombros a su alma?
Ve alzarse en el confín del horizonte,
del espacio en los ámbitos profundos
sobre la excelsa cúspide de un monte

que se estremece inquieta,
y en medio del espanto de los mundos,
de una cruz la fantástica silueta!

"¡Al fin puedo morir! grita el gigante
con sublime ademán y voz de trueno.
Aquella es la bandera de combate,
que en el aire sereno,
o al soplo de pujantes tempestades
va a desplegar el pensamiento humano
teñida con al sangre de otro mártir,
-Prometeo, cristiano-,
para expulsar del orgulloso Olimpo
las caducas deidades!

"Es un nuevo planeta, que aparece
tras los montes salvajes de Judea,
para alumbrar un ancho derrotero
a la conciencia humana.
El germen fulgurante de la idea,
que arrebaté al Olimpo despiadado:
la encarnación gigante de mi raza,
"¡la raza prometeana!"

"¡Al fin puedo morir! Hijo de Urano,
llevo sangre de dioses en las venas,
sangre que al fin se hiela!
Aquel que me sucede, hijo del hombre,
lleva el fuego sagrado
que eternamente riela,
ya lo azoten los siglos con sus alas
o el viento furibundo,
el fuego del espíritu, heredero
del imperio del mundo."

Dijo, y cayó como la vieja encina
que troncha el leñador con golpe rudo.
La montaña tembló; y el negro Ponto
se enderezó, sañudo,
para asistir a su hora postrimera,
y las gentiles hijas del Océano
bajaron presurosas
y en torno a su cadáver encendieron

de perfumadas leñas una hoguera!

VI

¿Qué es aquello que cruza
con planta soberana,
sembrando mundo y encendiendo estrellas
por la extensión callada?
Si se posa en la cumbre,
la cumbre se despierta sonrosada,
como el ósculo tibio de la aurora
despierta enrojecida la mañana;

si baja a la pradera,
dormida en brazos de la niebla fría,
la pradera galana
con su velo de novia se atavía,
y al rumor misterioso de su huella
se ciñe el viejo bosque
su corona bella;

si el mar desciende -que la espalda encorva
como esclavo sumiso
para besar su turbulenta planta-,
el mar abre su seno
y el más sublime de sus himnos canta:
el himno con que arrulla
el sueño de los negros promontorios,
centinelas inmóviles del mundo,
y le enseña, latiendo en sus entrañas,
de las faunas y floras venideras,
el légamo fecundo.

Las tenebrosas puertas del pasado
rechinan a su empuje omnipotente,
y se alzan en tropel a su presencia,
desde el fondo del caos petrificado,
las formas y las razas extinguidas
en cuya adusta frente,
el ojo de la ciencia deletrea
el verdadero Génesis del mundo,
que la leyenda bíblica falsea!

Todo a su paso vive, alienta, brota:
el mar, el monte, la desierta esfera;
y a su soplo creador todo se expande,
palpita y reverbera.
Levanta el polo mudo,
como un arco triunfal para que pase,
sus montañas de hielo,
y enciende presuroso
sus gigantescas lámparas el Ande
para alumbrarle el tránsito del cielo!

El es soberano, el heredero
del cetro de la tierra,
por su inmenso poder transfigurada!
No hay piélago ni abismo
que no rasque su seno a su mirada.
El guerrero inmortal que en cruda guerra
destronó el paganismo
y rompió las cadenas que arrastraba
la pobre humanidad esclavizada.

Es la chispa divina
encendida en las bóvedas oscuras
de la conciencia humana,
que todo lo ilumina;
el signo de una raza de titanes
destinada a la lucha y al martirio:
"¡la raza prometeana!"

En la cruz, en la hoguera,
en el árido islote, en el desierto,
en el claustro sombrío, dondequiera
vierte su sangre a amares
que los helados páramos caldea,
su sangre, que los cauces seculares
de la historia, desata
las corrientes eternas de la idea!

Hermanos son en el dolor, y hermanos
en la fe y en la gloria
cuantos despejan la futura ruta
con la luz inmortal del pensamiento.
Ya mueran en el Gólgota, ya apuren

de Sócrates severo
la rebosante copa de cicuta,
ya nuevo Prometeo,
al torvo fanatismo desafíe
sobre Roma, montaña de la historia,
el viejo Galileo!

VII

¡Arriba, pensadores! que en la lucha
se templa y fortalece
vuestra raza inmortal, nunca domada,
que lleva por celeste distintivo
la chispa de la audacia en la mirada
y anhelos infinitos en el alma;
en cuya frente altiva
se confunden y enlazan
el laurel rumoroso de la gloria
y del dolor la mustia siempreviva!

¡Arriba, pensadores!
¡Que el espíritu humano sale ileso
del cadalso y la hoguera!
Vuestro heraldo triunfal es el progreso
y la verdad la suspirada meta
de vuestro afán gigante.
¡Arriba! que ya asoma el claro día
en que el error y el fanatismo expiren
con doliente y confuso clamoreo!
Ave de esa alborada es el poeta,
hermano de las águilas del Cáucaso,
que secaron piadosas con sus alas
la ensangrentada faz de Prometeo!

EL NIDO DE CONDORES

I

En la negra tiniebla se destaca,
como un brazo extendido hacia el vacío
para imponer silencio a sus rumores,
un peñasco sombrío.

Blanca venda de nieve lo circunda,
de nieve que gotea
como la negra sangre de una herida,
abierta en la pelea.

¡Todo es silencio en torno! Hasta las nubes
van pasando, calladas,
como tropas de espectros, que dispersan
las ráfagas heladas.

¡Todo es silencio en torno! Pero hay algo
en el peñasco mismo,
que se mueve y palpita cual si fuera
el corazón enfermo del abismo.

Es un nido de cóndores, colgado
de su cuello gigante,
que el viento de las cumbres balancea
como un pendón flotante.

Es un nido de cóndores andinos

en cuyo negro seno
parece que fermentan las borrascas,
y que dormita el trueno.

Aquella negra masa se estremece
con inquietud extraña:
¡Es que sueña con algo que lo agita
el viejo morador de la montaña!

No sueña con el valle ni la sierra
de encantadoras galas;
ni menos con la espuma del torrente
que humedeció sus alas.

No sueña con el pico inaccesible
que en la noche se inflama
despeñando por riscos y quebradas
sus témpanos de llama.

No sueña con la nube voladora
que pasó en la mañana
arrastrando en los campos del espacio
su túnica de grana.

Muchas nubes pasaron a su vista,
holló muchos volcanes;
su plumaje mojaron y rizaron
torrentes y huracanes.

Es algo más querido lo que causa
su agitación extraña:
¡Un recuerdo que bulle en la cabeza
del viejo morador de la montaña!

En la tarde anterior, cuando volvía,
vencedor inclemente,
trayendo los despojos palpitantes
en la garra potente,

bajaban dos viajeros presurosos
la rápida ladera;
un niño y un anciano de alta talla
y blanca cabellera.

Hablaban en voz alta, y el anciano,
con acento vibrante,
"¡Vendrá, exclamaba, el héroe predilecto
de esta cumbre gigante!".

El cóndor, al oírlo, batió el vuelo;
lanzó ronco graznido,
y fue a posar el ala fatigada
sobre el desierto nido.

Inquieto, tembloroso, como herido
de fúnebre congoja,
pasó la noche, y sorprendiólo el alba
con su pupila roja.

II

Enjambres de recuerdos punzadores
pasaban en tropel por su memoria,
recuerdos de otros tiempos de esplendores,
de otros tiempos de glorias,
en que era breve espacio a su ardimiento
la anchurosa región del vago viento.

Blanco el cuello y el ala reluciente,
iba en pos de la niebla fugitiva,
dando caza a las nubes en oriente;
o con mirada altiva
en la garra pujante se apoyaba
cual se apoya un titán sobre su clava.

Una mañana, ¡inolvidable día!,
ya iba a soltar el vuelo soberano
para surcar la inmensidad sombría,
y descender al llano
a celebrar con ansia convulsiva
su sangriento festín de carne viva,

cuando sintió un rumor nunca escuchado
en las hondas gargantas de occidente:
el rumor del torrente desatado,
la cólera rugiente

del volcán que, en horrible paroxismo,
se revuelca en el fondo del abismo.

Choque de armas y cánticos de guerra
resonaron después. Relincho agudo
lanzó el corcel de la argentina tierra
desde el peñasco mudo,
y vibraron los bélicos clarines,
del Ande gigantesco en los confines.

Crecida muchedumbre se agolpaba,
cual las ondas del mar en sus linderos;
infantes y jinetes avanzaban,
desnudos los aceros,
y, atónita al sentirlos, la montaña
bajó la frente y desgarró su entraña.

¿Dónde van? ¿Dónde van? Dios los empuja,
amor de Patria y libertad los guía:
¡donde más fuerte la tormenta ruja,
donde la onda bravía
más ruda azote el piélago profundo,
van a morir o libertar un mundo!

III

Pensativo, a su frente, cual si fuera
en muda discusión con el destino,
iba el héroe inmortal que en la ribera
del gran río argentino
al león hispano asió de la melena
y lo arrastró por la sangrienta arena.

El cóndor lo miró, voló del Ande
a la cresta más alta, repitiendo
con estridente grito: "¡Este es el grande!".
Y San Martín, oyendo,
cual si fuera el presagio de la historia,
Dijo a su vez: "¡Mirad! ¡Esa es mi gloria!".

IV

Siempre batiendo el ala silbadora,

cabalgando en las nubes y en los vientos,
lo halló la noche y sorprendió la aurora;
y a sus roncos acentos,
tembló de espanto el español sereno
en los umbrales del hogar ajeno.

Un día... se detuvo; había sentido
el estridor de la feroz pelea;
viento de tempestad llevó a su oído
rugidos de marea;
y descendió a la cumbre de una sierra,
la corva garra abierta, en son de guerra.

¡Porfiada era la lid! Por las laderas
bajaban los bizarros batallones,
y penachos, espadas y cimeras,
cureñas y cañones,
como heridos de un vértigo tremendo,
¡en la cima fatal iban cayendo!

¡Porfiada era la lid! En la humareda
la enseña de los libres ondeaba,
acariciada por la brisa leda
que sus pliegues hinchaba:
y al fin entre relámpagos de gloria,
¡vino a alzarla en sus brazos la victoria!

Lanzó el cóndor un grito de alegría,
grito inmenso de júbilo salvaje;
y, desplegando en la extensión vacía
su vistoso plumaje,
fue esparciendo por sierras y por llanos
jirones de estandartes castellanos.

V

Desde entonces, jinete del vacío,
cabalgando en nublados y huracanes
en la cumbre, en el páramo sombrío,
tras hielos y volcanes,
fue siguiendo los vívidos fulgores
de la bandera azul de sus amores.

La vio al borde del mar, que se empinaba
para verla pasar, y que en la lira
del bronce de sus olas entonaba,
como un grito de ira,
el himno con que rompen las cadenas
de su cárcel de rocas y de arenas.

La vio en Maipú, en Junín y hasta en aquella
noche de maldición, noche de duelo,
en que desapareció como una estrella
tras las nubes del cielo;
¡y al compás de sus lúgubres graznidos
fue sembrando el espanto en los dormidos!

¡Siempre tras ella, siempre!, hasta que un día
la luz de un nuevo sol alumbró al mundo,
el sol de libertad que aparecía
tras nublado profundo,
y envuelto en su magnífica vislumbre,
¡tornó soberbio a la nativa cumbre!

VI

¡Cuántos recuerdos despertó el viajero,
en el calvo señor de la montaña!
Por eso se agitaba entre su nido
con inquietud extraña;
y, al beso de la luz del sol naciente,
volvió otra vez a sacudir las alas
y a perderse en las nubes del oriente!

¿A dónde va? ¿Qué vértigo lo lleva?
¿Qué engañosa ilusión nubla sus ojos?
Va a esperar del Atlántico en la orilla,
los sagrados despojos
de aquél gran vencedor de vencedores,
a cuyo solo nombre se postraban
tiranos y opresores.

Va a posarse en la cresta de una roca,
batida por las ondas y los vientos,
¡Allá donde se queja la ribera
con amargo lamento

porque sintió pasar planta extranjera
y no sintió tronar el escarmiento!

¡Y allá estará! Cuando la nave asome
portadora del héroe y de la gloria.
Cuando el mar patagón alce a su paso
los himnos de victoria,
volverá a saludarlo, como un día
en la cumbre del Ande,
para decir al mundo: ¡Éste es el grande!

CAPÍTULO III

Content

SAN MARTIN

I

No nacen los torrentes
En ancho valle ni en gentil colina;
Nacen en ardua, desolada cumbre,
Y velan el cristal de sus corrientes,
Que ruedan en inquieta muchedumbre,
Vagarosos cendales de neblina.

No bajan de la altura
Con tardo paso y quejumbroso acento,
Copiando flores, retratando estrellas
En el espejo de su linfa pura,
Mientras en la lira del follaje, el viento
Murmura la canción de sus querellas.

Se derraman sin rumbo
Por ignotos y lóbregos senderos,
Caravanas del ámbito infinito,
¡Cual si quisieran sorprender al mundo
Con el fragor de sus enojos fieros,
De libertad con el potente grito!

Nació como el torrente,
En ignorada y misteriosa zona
De ríos como mares
De grandes y sublimes perspectivas,
¡Do parece escucharse en los palmares

33

El sollozo profundo
De las inquietas razas primitivas!

Nació como el torrente,
Rodó por larga y tenebrosa vía,
Desde el mundo naciente al mundo viejo;
Torció su curso un día,
Y entre marciales himnos de victoria,
¡Desató sobre América cautiva
Las turbulentas ondas de su gloria!

II

Cual tiembla la llanura
Cuando el torrente surge en la montaña,
La espléndida comarca de su cuna
Se estremeció con vibración extraña
Cuando nació el gigante de la historia;
¡Y algo como un vagido,
Flotó sobre las mudas soledades
En las alas del viento conducido!

Lo oyó la tribu errante
Y detuvo su paso en la pradera;
Vibró, como una nota,
De la selva en las bóvedas sombrías,
Flébil nota de místicos cantares,
Y el Uruguay se revolvió al oírla,
En su lecho de rocas seculares.

El viejo misionero
Que en el desierto inmensurable abría
Con el hacha y la cruz vasto sendero,
¡Tembló herido aquel día,
De indefinible espanto,
Cual si sentido hubiese en la espesura
El eco funeral del bronce santo!

El soldado español creyó que oía
Cavernoso fragor de muchedumbre;
Que los lejanos bosques, que ostentaban
Sobre el móvil ramaje
El áureo polvo de la hirviente lumbre

Del sol en el ocaso,
¡Eran negras legiones de guerreros,
Que con acorde y silencioso paso
De las altas almenas descendían
Chispeando los aceros!

¡Presentimiento informe del futuro!
¡Voz celeste que anima en la batalla
Al esclavo que lucha moribundo,
Y al opresor desmaya!
¡Pavorosa visión, habitadora
De los viejos derruidos monumentos,
Que guardan de los siglos la memoria,
Y que anuncia a los siglos venideros
Los grandes cataclismos de la historia!

Aquella voz decía:
«Ya nació el salvador, ¡raza oprimida!
Ya nació el vengador, ¡raza opresora!
Ya la nube del rayo justiciero,
Asciende al horizonte rugidora,
Y se alza el brazo airado,
Que va a rasgar el libro de las leyes
De la conquista fiera,
¡Y a azotar con el cetro de sus reyes
El rostro de la España aventurera!»

III

Dejó su nido el águila temprano,
¡Ansiaba luz, espacio, tempestades,
Playas agrestes y nevados montes
Para ensayar su vuelo soberano!
Buscaba un astro nuevo
Perdido en los nublados horizontes,
¡Y fue en su afán gigante
A preguntar por él al Oceano!

¿Qué se dirán a solas
El águila de América arrogante,
Mojando el ala en las hurañas olas,
Y el hosco mar Atlante,
De la alta noche en la quietud sagrada,

Y al rumor de la playa estremecida,
Escuchando en la atmósfera callada
Rodar el mundo y palpitar la vida?

Acaso el Oceano
Le repitió al oído los cantares
De aquel errante cisne lusitano
Que estremeció con su dolor los mares;
O le dijo más bajo,
Con ademán profético y severo:
¡Allá! ¡Tengo guardada,
De mi imperio en el límite postrero,
Como una nave misteriosa anclada,
La roca en que en tiempo venidero
Otra águila caudal va a ser atada!

No detuvo su vuelo
El águila de América arrogante;
Iba buscando en extranjero cielo
La estrella fulgurante
Que soñaba en el nido solitario
De la selva uruguaya,
Y fue a posarse un día
Del mar hesperio en la sonora playa.

Tronaba por los montes
De la guerrera tempestad la saña,
Y vio flotar al viento,
Sobre la débil indefensa España,
¡De la conquista el pabellón sangriento!
Y el ave americana
Soltó de nuevo el turbulento vuelo,
Cruzando rauda la extensión vacía
¡Y fue a buscar al águila francesa
Entre el estruendo de la lid bravía!

Bailén la vio severa
Entre el tropel de la legión bizarra
Que el suelo de la Patria defendía;
¡Y la marca sangrienta de su garra
Quedó estampada en la imperial bandera
Conocida de valles y montañas,
Que las lindes de un mundo había borrado

Sembrando glorias y abortando hazañas!

Mas no era aquel el astro que buscaba:
No era el rojizo sol de Andalucía,
El sol de los ensueños
Que con afán inquieto perseguía.
Allí un pueblo esforzado reluchaba
En la alta sierra y la llanura amena
Por sacudir el extranjero yugo,
Para amarrar de nuevo a su garganta
De los antiguos amos la cadena.—

¡Volvió a tender el vuelo,
Cargada de laureles
Y entristecida el águila arrogante!
Buscaba por doquier pueblos libres,
Y hallaba por doquiera pueblos fieles.—
Hasta que al fin un día,
Vio levantarse en el confín lejano
Del patrio río en que dejó su nido
De libertad el astro soberano,
¡De libertad el astro bendecido!

IV

Un mundo despertaba
Del sueño de la negra servidumbre,
Profunda noche de mortal sosiego,
Con la sorda inquietud de la marea.—
Y en la celeste cumbre,
Las estrellas del trópico encendían
Sus fantásticas flámulas de fuego
Para alumbrar la lucha gigantea.—

Un mundo levantaba
La desgarrada frente pensativa
Del profundo sepulcro de su historia,
Y una raza cautiva
Llamaba al Salvador con hondo acento;
Y el Salvador le contestó lanzando
El resonante grito de victoria
Entre el feroz tumulto de las olas
Del Paraná irritado,

Al sentirse oprimido por las quillas
De las guerreras naves españolas.–

¡Fue un soplo la batalla!
Los jinetes del Plata, como el viento
Que barre sus llanuras, se estrellaron
Con empuje violento
En la muralla de templado acero;
Y se vio largo tiempo confundidas
Sobre la alta barranca,
Y entre el solemne horror de la batalla,
¡La naciente bandera azul y blanca
Y el rojo airón del pabellón ibero!

Fue la primer jornada,
Del torrente nacido en las sombrías
Florestas tropicales;
La primera iracunda marejada,
Y su rumor profundo
Llevado de onda en onda por el viento
Del Plata, al Oceano,
¡Fue a anunciar por el mundo
Que ya estaba empeñada la partida
Del porvenir humano!

V

Al pie de la montaña,
Centinela fantástico que ostenta
La armadura de siglos,
Que abolió con su masa la tormenta,
Fue a sentarse en gigante de la historia,
Taciturno y severo,
Pensando en la alta cumbre
Donde el nombre argentino a grabar iba
Con el cincel de su potente acero.

La voz que llama al águila en la altura
Y el huracán despierta en el abismo,
Es la voz de la gloria
Que llama a la ambición y al heroísmo;
Con misterioso, irresistible acento,
Aquella voz que imita

Rumores de batalla,
Murmullos de laureles en el viento,
Himnos de Ossián en la desierta playa.

Lo oyó el héroe y la oyó la hueste altiva,
Que velaba severa,
¡Soñando con la patria y con la historia,
Al pie de la gigante cordillera!
Y al sonar de los roncos atambores
Largó el cóndor atónito su presa,
Y la ruda montaña, conmovida,
Doblegó la cabeza
¡Para ser pedestal de esa bandera!

VI

¡Ya están sobre las crestas de granito
Fundidas por el rayo!
Ya tienen frente a frente el infinito:
Arriba, el cielo de esplendor cubierto;
Abajo, en los salvajes hondonados,
La soledad severa del desierto;
Y en el negro tapiz de la llanura,
Como escudos de plata abandonados,
¡Los lagos y los ríos que festonan
De la patria la regia vestidura!

¡Ya están sobre la cumbre!
Ya relincha el caballo de pelea
Y flota al viento el pabellón altivo,
¡Hinchado por el soplo de una idea!
¡Oh! ¡Qué hermosa, qué espléndida, que grande
Es la patria mirada
Desde el soberbio pedestal del Ande!
El desierto sin límites doquiera,
Oceanos de verdura en lontananza,
Mares de ondas azules a lo lejos,
Las florestas del trópico distantes,
Y las cumbres heladas
De la adusta argentina cordillera,
¡Como ejército inmóvil de gigantes!

¿En qué piensa el coloso de la historia,

De pie sobre el coloso de la tierra?
Piensa en Dios, en la Patria y en la Gloria,
En pueblos libres y en cadenas rotas;
Y con la fe del que a la lucha lleva
La palabra infalible del destino,
¡Se lanzó por las ásperas gargantas,
Y lo siguió rugiendo el torbellino!

VII

Débil barrera oponen a su empuje
Los arrogantes tercios españoles,
De Chacabuco en la empinada cuesta,
Que como roja nube centellea
Mientras el viento encadenado ruge.–
¿Quién detiene el torrente embravecido
Cuando el soplo de Dios lo aguijonea?
El torrente llegó, rompió la valla,
Y se perdió veloz en la llanura;
Y al mirarlo pasar lo saludaron
Las nubes agitándose en la altura.–

¡Reguero de laureles!
Sólo una vez el sol de su bandera
Palideció con fúnebre desmayo:
Aquella ingrata noche de la historia,
Que cruzó como nube pasajera
Barrida por cien ráfagas de gloria.
Para borrar sus sombras, encendimos
Con corazas y yelmos y cañones,
En el llano de Maipo inmensa hoguera
¡A cuya luz brotaron dos naciones!

VIII

Los vientos de Oceano,
Llevaban en sus alas turbulentas
A los valles chilenos,
Mezclados al rumor de las tormentas,
Los lastimeros ecos fugitivos,
Que los sauces del Éufrates oyeron
Del arpa de los míseros cautivos.

Aun quedaba un pedazo
De tierra americana, sumergido
En la noche de error del coloniaje,
¡Para ser redimido!
Aun yacía en oscuro vasallaje
Aquel pueblo bizarro,
Que cual robles del monte despeñados
Con ímpetu sonoro,
¡Vio caer a sus Incas, derribados
De su trono de oro
Bajo el hacha sangrienta de Pizarro!

¡Sonaron otra vez los atambores!
Hinchó otra vez el viento la bandera
Que desgarró de Maipo la metralla,
Y a la voz imperiosa del guerrero,
¡Bajó la espalda el mar, como si fuera
Su bridón generoso de batalla!

IX

¡Salud al vencedor! ¡Salud al grande
Entre los grandes héroes! Exclamaban
Civiles turbas, militares greyes,
Con ardiente alborozo,
En la vieja ciudad de los Virreyes.–
Y el vencedor huía,
Con firme paso y actitud serena,
A confiar a las ondas de los mares
Los profundos secretos de su pena.–

La ingratitud, la envidia,
La sospecha cobarde, que persiguen
Como nubes tenaces,
Al sol del genio humano,
Fueron siguiendo el rastro de sus pasos
A través del Oceano,
Ansiosas de cerrarle los caminos
Del poder y la gloria,
¡Sin acordarse, ¡torpes! de cerrarle
El seguro camino de la historia!

X

¡Allá duerme el guerrero,
A la sombra de mustias alamedas
Que velan su reposo solitario!
¡Ay! No arrullan su sueño postrimero,
Como soñó en la tarde de su vida,
Los ecos de las patrias arboledas!

Allá duerme el guerrero,
De extraños vientos al rumor profundo:
Los vientos de la historia,
Que lloran las catástrofes del mundo;
Y acaso siente en la callada noche
Pasar en negra y lastimera tropa,
Fantasmas de los pueblos oprimidos,
¡Espectros de los mártires de Europa!

¡Cómo tembló la losa de su tumba
Y se agitó su sombra gigantea
Cuando sintió rugir a la distancia
El sangriento huracán de la pelea,
Y vio caer exánime a la Francia
Bajo los cascos del corcel germano
En medio del espanto de la tierra!
¡Ah! Quizá levantó la yerta mano
Para ofrecerle en el desastre inmenso,
A falta de su espada,
¡La espada de Maipú y de San Lorenzo!

XI

¡Un siglo más que pasa!
¡Una ola más del mar de las edades,
Una nueva corriente de la historia,
Que arrastra a las eternas soledades
Generaciones, sueños y quimeras!
Hace un siglo recién desde aquel día,
Fecundo día de inmortal memoria,
Cuando el lejana misteriosa zona,
¡El salvador de América nacía
A la sombra de palmas y laureles
Que no habían de bastar a su corona!

Un siglo nada más; un paso apenas
Del tortuoso sendero
Que lleva al porvenir desconocido.–
Un siglo nada más, y el grito fiero
Ya no se oye, del indio perseguido
Por la implacable fe del misionero
Y la avaricia cruel de sus señores.–
Ya ha crecido la hiedra,
De Yapeyú en los áridos escombros
Que alzan la frente airada
De la luna a los lívidos fulgores,
¡Como tremenda maldición de piedra!

La aurora de este siglo
Nació en los tenebrosos horizontes
De un inmenso desierto.–
Tribus errantes y salvajes montes,
La barbarie doquier; y el fanatismo
Fue ascendiendo, ascendiendo,
Como un rayo de luz en un abismo,
Y al bajar al ocaso,
¡Alumbran su camino
Los millares de antorchas del progreso,
Del pensamiento al resplandor divino!

Ayer, la servidumbre
Con sus sombras tristísimas de duelo,
Cadenas en los pies y en la conciencia,
¡La sombra en el espíritu y el cielo!
Hoy en la excelsa cumbre
La libertad enciende sus hogueras,
Unida en santo abrazo con la ciencia;
Los dos genios del mundo vencedores:
¡La libertad que funde las diademas,
Y la ciencia que funde los errores!

¡Milagros de la gloria!
Tu espada, San Martín, hizo el prodigio;
Ella es el lazo que une
Los extremos de un siglo ante la historia,
Y entre ellos se levanta,
Como el sol en el mar dorando espumas,
El astro brillador de tu memoria.–

43

¡No morirá tu nombre!
Ni dejará de resonar un día
Tu grito de batalla,
Mientras haya en los Andes una roca
Y un cóndor en su cúspide bravía.–
¡Está escrito en la cima y en la playa,
En el monte, en el valle, por doquiera
Que alcanza de Misiones al Estrecho
La sombra colosal de tu bandera!

A VICTOR HUGO

I

¡La negra selva por doquier! el viento
como inquieto lebrel encadenado
aullando en la espesura!
¡La noche eterna por doquier! el cielo
como un mar congelado,
y el mar como una inmensa sepultura.
De tarde en tarde brilla,
de la aurora boreal el rayo frío,
y a su vislumbre pálida, los astros
que ruedan lentamente en el vacío,
enormes buques náufragos semejan,
que al ronco son del trueno,
van llevando sin rumbo
cadáveres de mundos en su seno!
Hay vida en la creación, vida embrionaria
pero embotada y fría. — Allá a lo lejos,
en la extensión inmensa y solitaria,
islas y continentes van surgiendo
de la muriente aurora a los reflejos,
como monstruos del mar que se dirigen
en confuso rebaño hacia la orilla;
y los montes lejanos,
gigantes de armaduras de granito,
parece que esperasen de rodilla,
el mandato de Dios, para lanzarse
a escalar la región del infinito!

II

Era la edad en que la densa noche
del polo sobre el mundo se extendía,
la noche de la calma aterradora,
en cuya soledad, lóbrega y fría
como raudal helado, dormitaba
la savia engendradora !
No hay noche sin mañana...
En el cielo, en la historia, dondequiera
la sombra es siempre efímera y liviana,
la nube, por más negra, pasajera;
y aquella noche al fin iba a rasgarse
como inmensa, flotante vestidura.
Preludios de gorjeos, ruidos de alas,
la alegría del nido en la espesura,
flotaron en la atmósfera ligera,
y antes de desplegar la luz sus galas
entonó un ave la canción primera!
Al eco de la insólita armonía
la tierra despertó. — La selva obscura
con ansia de volar, batió las ramas ;
misteriosa y extraña vocería
se alzó del mar en la siniestra hondura,
cual si ensayasen sus salvajes himnos
la borrasca y la tromba asoladora,
y de la informe larva del abismo,
mariposa de luz, surgió la aurora!

III

También la historia tiene
torvas noches de horror, como el Océano,
noches glaciales en que duerme todo:
la vida, el arte, el pensamiento humano.
También como en la selva primitiva
de mustias cicadeas,
la savia del espíritu dormita,
sin reventar en frutos, ni cuajarse
la flor de las ideas!
¡Qué lentas son las horas de la historia!
¡Qué largo y qué sombrío

el imperio del mal! — cuando parece
la conciencia pasmada,
profundo cráter de apagada escoria,
desierto cauce de agotado río,
y en la noche callada
no se oye más rumor que el de la orgía
o es áspero crujir de la cadena,
mientras del cielo en la extensión vacía
la ronca voz de los espantos truena!

IV

Tarda el amanecer, pero al fin llega,
¡oh mal! ¡no eres eterno!
Así como en la noche de la tierra,
profunda noche de aterido invierno,
el mundo despertó cuando en las ramas
de la selva dormida
el primer himno resonó del ave
que desplegaba el ala entumecida
presintiendo a la aurora:
Así la humanidad despierta inquieta
en la noche moral abrumadora
cuando surge el poeta,
ave también de vuelo soberano,
que en las horas sombrías,
canta al oído del linaje humano
ignotas armonías,
misteriosos acordes celestiales,
enseñando a los pueblos rezagados
el rumbo de las grandes travesías,
la senda de las cumbres inmortales.

V

Olvidada de Dios, Judá apuraba
la copa del placer. — En sus altares,
los ídolos extraños recibían
cobarde adoración. — No era la esposa
sencilla del Cantar de los cantares,
no era la Virgen de Israel, gallarda
como las palmas de Samir: ajada
la tez de rosa y ulcerado el pecho,

con inquietud febril se revolcaba
del vicio impuro en el candente lecho!
¡ Viento de corrupción ! viento de muerte
soplaba sobre el mundo. — Babilonia,
del deleite en los brazos reclinada,
ceñida la guirnalda, flaco el brazo
para blandir el hierro,
y a la orilla del Eufrates sentada,
a los pueblos vecinos daba cita
en las lúbricas danzas del Becerro
o a la sombra del mirto de Mylita!
El mundo iba a morir — como Bacante
ebria al compás de báquicas estrofas,
al son de besos, al rumor de orgías, —
cuando a las puertas del cerrado templo,
torvo y airado apareció Isaías!
Y tronó en los espacios vengadora
su voz, hondo murmullo
de rayos, fulminando
al crimen, a la guerra y al orgullo,
prediciendo a la plebe pecadora
largas horas de llanto, tras las cuales,
purificada y bella, surgiría
la ciudad del Señor; y a Babilonia,
a Babilonia la soberbia, el día
en que el Medo feroz, los vasos de oro
y las sedas de Persia, el arpa siria
con que encantaba al mundo,
las águilas do bronce, los jardines
aéreos, todo, todo,
iba a hollar insensible
de sus corceles bajo el casco inmundo!

VI

Dos razas batallaban
en campo estrecho con furor insano, —
la vieja raza de la historia, aquella
señora un tiempo del destino humano,
abuela de naciones;
la que templó sus armas
al sol de Arabia y abrevó en las ondas
del Indus y del Tigris sus legiones, —

y la raza nacida
del sol levante al ósculo de fuego,
que llevaba en la frente
la centella de luz del genio griego!
¿Cuál iba a sucumbir? La raza vieja
esclava del destino, mar volcado
do Tesalia en el valle sonriente,
avanzaba tenaz.— ¡Ya estaba mudo
de Maratón el bosque consagrado!
Ya no brillaba en el combate rudo
de Leónidas la diestra refulgente,
cuando la musa helena,
la musa de alas de águila de Esquilo,
hendió los aires y voló a la escena,
de la rapsodia enervador asilo,
y con voz que aun resuena
del mar Egeo en la sonora playa,
ceñida de laurel la sien divina,
al cadencioso son del ritmo jonio,
y entre el fragor de la feral batalla
lanzó el himno triunfal de Salamina!

VII

Ya Roma no era Roma, la que un día
encadenó a su paso la fortuna,
la Roma de los grandes caracteres, —
mudo el Foro, desierta la tribuna,
en sus plazas y circos no se oía
más que el rumor de esclavos y mujeres
en bulliciosa confusión danzando
al son lascivo de los himnos griegos,
o el palmotear de cortesana impura
del vil histrión en los obscenos juegos, —
ya Roma no era Roma. — No anidaban
del Aventino en la gloriosa cima,
emblema de una raza gigantea,
las águilas de Júpiter Tonante,
sino en mansa, blanquísima bandada,
las palomas de Venus Citerea!
Dormido estaba el rayo — como duerme
en el monte la lava rugidora
y en la cumbre el turbión. — Llegó la hora,

y el rayo despertó. — Vibró en la lira
de Juvenal, no en caprichoso alarde,
de dulce verso o de canción sonora,
de torpe mofa o de cobarde duda ;
sino implacable, acerbo, burilando
en carne viva la común afrenta.
Némesis vengadora, el duro azote
alzó sobre la sien calenturienta
de aquel rebaño humano,
y fué marcando con eterno mote,
a la falsa virtud, al crimen pálido,
al vulgo y al tirano!

VIII

Eclipse de la historia, la Edad Media,
¡crepúsculo sin día!
Pesaba sobre el mundo, como inmenso
torrente de tinieblas despeñado
del ancho cielo en la extensión vacía,
astro sin luz, el pensamiento, mustia
lámpara de un altar abandonado
que el cierzo helado azota,
al través de las sombras perseguía
de un prometido bien la luz remota!
Dante entonces, noctámbulo divino,
bajó del corazón al antro obscuro
a descifrar la letra del arcano,
la misteriosa cifra del futuro;
y con voz, ora triste y ora grave,
mezcla a veces de cántico y lamento,
dijo a la muchedumbre horrorizada:
"¡Quien sabe de dolor, todo lo sabe!"
Y de su siglo la conciencia helada,
se despertó a su acento !

IX

Siempre al cambiar de rumbo en el desierto
la caravana humana, halla un poeta
que espera en el dintel, alta la frente
coronada de pálidos luceros,
sacerdote y profeta,

para enseñarle el horizonte abierto
y bendecir los nuevos derroteros !
¡A tí te tocó en suerte, soberano
del canto! ¡Inmortal Hugo!
la más ruda jornada de la historia, —
Ya no es una nación que rompe el yugo
de la opresión, ni el canto de victoria
tras las horas durísimas de prueba —
¡Hoy es la humanidad que se emancipa!
¡Hoy es la humanidad que se renueva!
Todo lo tienes tú, la voz de trueno
del gran profeta hebreo,
fulminador de crímenes y tronos!
El grito fragoroso del que un día
encarnó, para ejemplo de los siglos,
la idea del derecho en Prometeo,
la cuerda de agrios tonos
de Juvenal, aquel Daniel latino,
tremendo justiciero de su siglo,
y el rumor de caverna, de los cantos
del viejo Gibelino!
¡Todo lo tienes tú! por eso el cielo
te dio tan vasto sin igual proscenio.
No hay notas que no vibren en tu lira,
espacios que no se abran a tu genio;
cantas al porvenir, y los que sufren,
esclavos de la fuerza o la mentira,
sienten abrirse a sus llorosos ojos
de la esperanza las azules puertas!
Apostrofas al tiempo y se levantan —
¡mágico evocador de edades muertas! —
como viviente, inmenso torbellino,
razas extintas, pueblos fenecidos,
fantasmas y vestiglos,
para contarte en misterioso idioma
la colosal "Leyenda de los Siglos!"
¡ Todo lo tienes tú ! todo lo fuiste :
profeta, precursor, mártir, proscripto, —
gigante en el dolor te levantaste
cuando en la noche lóbrega sentiste
temblar los mares, vacilar la tierra
con pavorosa conmoción extraña,
cual si un titán demente forcejease

por arrancar de cuajo una montaña. —
Era Francia, montaña en cuya cumbre
anida el genio humano,
la Francia de tu amor, que tambaleaba
herida por el hacha del germano,
y arrojando la lira en que cantabas
la "Canción de los Bosques y las calles"
fuiste a tocar llamada
de París sobre el muro ennegrecido
en el ronco clarín de Roncesvalles!
Desde aquí, teatro nuevo
que Dios destina al drama del futuro,
razas libres te admiran y se mezclan
al coro de tu gloria, —
Orfeo que bajaste
en busca de tu amante arrebatada¡
la santa democracia,
a las más hondas simas de la Historia!
Desde aquí te contemplan
entre dos siglos batallando airado
y arrancando a la lira
la vibración del porvenir rasgado
o el triste acento de la edad que expira!
Y al través de los mares,
astro que bajas al ocaso, envuelto
en torrentes de llama brilladora, —
entonando tus cantos seculares
te saludan los hijos de la aurora!

LA ATLANTIDA

I

Cada vez que en la cumbre desolada
de la ardua cordillera,
y tras hondo angustioso paroxismo,
como caliente lágrima postrera,
brota de las entrañas del abismo
misterioso raudal, germen naciente
de turbio lago, caudaloso río,
ronca cascada o bramador torrente,
pardas nubes descienden a tejerle
caprichoso y movible cortinaje,
y abandonan los negros huracanes
sus lóbregas cavernas
para arrullar con cántico salvaje
su sueño, y en señal de regocijo,
sobre muros de nieves sempiternas,
desplegan, combatientes del vacío,
taciturnos guardianes
del infinito páramo sombrío,
sus flámulas de fuego los volcanes!
Raudales de la historia son las razas,
raudales que en la cuna
vela el misterio y con afán prolijo
la fábula, Nereida soñadora
que el verde junco con la yedra aduna,
como la dulce madre que despliega
sobre la tersa frente de su hijo

teñida por los rayos de la aurora
su manto, de amor ciega,
envuelve con fantásticos cendales!
Mientras se llena el mundo
de rumor de catástrofes. — En tanto,
con las alas abiertas,
cruza la tierra el ángel del espanto
y agita sus antorchas funerales
el incendio iracundo
sobre la tumba de las razas muertas!
Allá en el fondo obscuro
del valle que a las pies del Apenino
se extiende como alfombra de esmeralda
palenque misterioso del destino!
Do el Tíber serpentea
del monte Albano en la risueña falda, —
vago rumor se siente...
el rumor de una raza despertada
con el sello de Dios sobre la frente!
Y en el confín lejano
del mar, que muere en la desierta playa
del Asia envejecida,
con eterno lamento,
hondo clamor hasta los cielos sube,
que en son medroso, el viento
esparce por la tierra estremecida!
La raza que despierta
como enjambre irritado, en las sombrías
hondonadas del Lacio,
es la raza latina, destinada
a inaugurar la historia
y a abarcar el espacio
llevando por esclava a la victoria!
Y el clamor que resuena
de la alta noche en la quietud sagrada,
es el grito de Illión, que se desploma
como gigante estatua derribada,
astro que se hunde en tenebroso ocaso
cuando surge en Oriente el sol de Roma!

II

Raudal que al descender a la llanura

se torna en ancho río, —
aquella tribu obscura
en turbulento pueblo convertida
sintió dentro del seno
la inquietud de la ola comprimida,
el rumor interior, la voz de trueno
que emplaza a las naciones
a las gigantes luchas de la vida!
Y se lanzó impaciente
en pos de sus destinos inmortales,
dando al viento los bélicos pendones,
siniestras mensajeros del estrago,
y encendiendo en el negro promontorio,
para servir de faro a sus legiones,
la colosal hoguera de Cartago!
Nada detuvo el vuelo soberano
del águila latina —
la tierra despertó como de un sueño
al sentirla pasar. El Océano,
generoso corcel que el cuello inclina
cuando siente a su dueño,
rugió de gozo y le rindió homenaje, —
todo lo holló con planta vencedora:
la montaña y el páramo salvaje,
las misteriosas selvas seculares
en que al compás de místicas endechas
afilaba el germano taciturno
con siniestra ansiedad el haz de flechas;
y las negras pirámides distantes,
que a la luz del crepúsculo parecen
abandonadas tiendas de campaña
de una raza extinguida de gigantes!
Grecia le abrió los brazos, olvidada
de su antiguo esplendor. — La Iberia altiva,
como severa reina destronada,
dobló la frente ensangrentada al yugo,
mas no su corazón — eterna hoguera
en que la llama de Sagunto ardía
con rojizo fulgor. — La Galia fiera
lanzó a los aires resonante grito,
y el escudo de bronce hirió tres veces
sobre el dolmen maldito!
Pero cayó expirante en la contienda

para dormir el sueño del esclavo
de César en la tienda!
y el Cármata cruel, el Cretón bravo,
el escita ligero,
el sombrío, feroz escandinavo
que en las brumas polares
de otro mundo olfateaba el derrotero,
fueron a prosternarse en sus altares!
¡Largo su imperio fué! ¡Largo y fecundo'
el hacha del Lictor estuvo siglos
alzada sobre el mundo!
Cantó su origen inmortal, Virgilio,
sus desastres, Lucano,
mientras brillaba en el lejano Oriente
la luz primera del ideal Cristiano!
Y en brazos de los Césares dormía,
al rumor de los sáficos de Horario,
enervada y tranquila,
cuando sintió tronar en el espacio
el rudo casco del corcel de Atila!
¡Despertó, pero tarde! En vez del rayo
que en sus manos un día
viera la tierra atónita, llevaba
el áureo tirso, y en la mustia frente
la corona de yedra de la orgía!
Corrió al foro, llamando a sus legiones
dispersas y distantes,
y sólo contestaron los histriones
mezclados al tropel de las Bacantes!
Volvió al cielo los ojos, y en el fondo
del cielo, en sangre tinto,
creyó ver que cruzaban en silencio,
como un augurio aciago,
la sombra lastimera de Corinto
y el fantasma lloroso de Cartago!
¡Era tarde en verdad! El sol de Roma,
luz de la historia y esplendor del orbe,
del Aventino tras la obscura loma
y de la plebe trémula a los ojos
para siempre se hundió. — Rojo cometa
del horizonte en la desierta cumbre
apareció tras él, vibrando enojos —
nubes del Septentrión, vientos del polo,

sobre la tierra inquieta
esparcieron sus ráfagas de horrores. —
Sólo quedó de pie, soberbio atleta
vencido, no tumbado, — destacando
en las sombras el dorso giganteo,
como el genio de Roma en lucha eterna,
centinela de piedra, el Coliseo!

III

No perecen las razas porque caigan,
sin honor o sin gloria,
los pueblos que su espíritu alentaron
en hora venturosa o maldecida. —
Las razas son los ríos de la historia,
y eternamente fluye
el raudal misterioso de su vida !
El río que en otrora
turbulento y audaz cruzó la tierra,
ya por blandas y vírgenes llanuras
o por yermos de arena abrasadora
al soplo animador de la fortuna,
de su cauce alejado
fué a morir como lóbrega laguna
inmóvil y callado!
Pero el raudal ingente
de la ánfora sagrada, la corriente
inagotable y pura, despeñada
por ignoto sendero,
con rumor de torrente surgió un día
en la tierra encantada
del indómito ibero,
donde todo es amor, luz, armonía.
y el sol más bello, el aire más liviano,
y siempre altivo, desbordante y joven,
palpita y siente el corazón humano!
Así como al salir de su desmayo
la tierra estremecida
del sol primaveral al primer rayo,
parece que sintiera
en el aire, en el monte, en la pradera,
en ondas tibias circular la vida;
España despertó con fuerza nueva,

y unidas en eterno maridaje
la pasada romana fortaleza
y la savia salvaje
del hijo del Pirene, diestro en lides,
engendraron la raza destinada
a suceder a la cesárea estirpe,
la raza soberana de los Cides!
¡ Llenó el mundo su nombre ! — Las naciones,
del monte Calpe hasta el peñón marino
en que vela el britano,
creyeron que se alzaba en lontananza
la sombra augusta del poder latino,
que de nuevo volvía
a ser el dueño del destino humano!
Y España, como Roma, poseída
de vago afán, de misterioso anhelo,
soñaba con batallas, cuando un día,
al tender la mirada por el cielo
desde las altas cumbres de Granada,
vio surgir en lejanos horizontes
la Visión de la América encantada !
¡Dos mundos sujetó bajo un imperio!
¡Y dejó de su espíritu los rastros
en fecundas, espléndidas creaciones!
Como Ajax inmortal, retó a la tierra,
y ansioso de combates
fué a renovar en África prodigios
y hazañas de Escipiones;
pero también se derrumbó impotente,
no del potro del vándalo a las plantas
ni del cruel vencedor al ceño airado,
sino cuando cayó sobre su espíritu
la sombra enervadora del Papado!

IV

Mientras España duerme acurrucada
al pie de los altares,
calentando su espíritu aterido
en la hoguera infernal de Torquemada,
Francia recoge el cetro abandonado
de la historia y prepara
otra hoguera, a que arroja

con ánimo esforzado
fragmentos de Bastillas,
instituciones viejas, privilegios,
y de un vetusto trono las astillas —
hoguera a cuya lumbre soberana
va a forjar, como en fragua ciclópea,
su eterno cetro la razón humana!
Cuando llega la hora
de las grandes, fecundas convulsiones,
la hora en que al compás de las borrascas
se tumban o levantan las naciones —
Dios envía a la tierra los gigantes
del genio o de la espada,
cual si necesitase de almas fuertes
y músculos pujantes,
para no perecer en la jornada.
Así la Francia tuvo
en las horas más grandes de la historia
el genio de Voltaire para anunciarle
el tremendo, supremo cataclismo,
y el brazo poderoso
de Napoleón, el genio de la gloria,
para alzarla expirante del abismo!
La fuerza es en el mundo
astro de inmensa curva, que a su paso
deja como reguero de laureles,
fulgor de incendios, resplandor de soles,
pero astro que se pone en el ocaso
tras nubes de rojizos arreboles.
Brillante pero efímero; la espada
¡Brillante fué el imperio de la fuerza!
que sobre el mapa de la Europa absorta
trazó fronteras, suprimió desiertos
y que quizá de recibir cansada
el homenaje de los reyes vivos,
fué a demandar en el confín remoto
el homenaje de los reyes muertos, —
la espada de Austerlitz, la vieja espada
en los escombros de Moscou mellada,
ya no describe círculos gigantes
esparciendo el pavor de la derrota:
cayó en los campos de Sedán, sombríos,
ensangrentada y rota!

V

Anteos de la historia,
los pueblos que el espíritu y la sangre
llevan de aquella tribu aventurera
que encadenó a su carro la victoria,
ya los postre o abata,
la corrupción o la traición artera,
no mueren aunque caigan. — Así Roma
en su tumba de mármol se endereza
y renace en Italia, como planta
que el polvo de los siglos fecundiza.
Así España sacude la cabeza
tras largas horas de sopor profundo,
y arroja los fragmentos
de su pasada lápida mortuoria,
para anunciar al mundo
que no ha roto su pacto con la gloria!
Y Francia, la ancha herida
del pecho no cerrada,
en la sombra se agita cual si oyera
rumores de alborada!

VI

¡Soberbio mar engendrador de mundos!
¡Inquieto mar Atlante!
Que ora manso, ora horrible, en jiro eterno,
ya imitando el fragor de roncas lides,
ya gritos de angustiadas multitudes
o gemidos de sombras lastimeras,
te vuelcas y sacudes
en la estrecha prisión de tus riberas!
¡Soberbio mar! de cuyo fondo un día
la colosal cabeza levantaron,
coronada de liquen y espadañas,
al ronco son de tempestad bravía
náufragos del abismo las montañas —
mientras el cielo en la extensión desierta
que eternas sombras por do quien velaban,
lanzaba el primer sol su rayo de oro,
inmensa flor de luz, recién abierta,

sobre la cual en armonioso coro
enjambres de planetas revolaban!
Tú eres el mismo mar que alzaste un día
bajo arcadas fantásticas de brumas,
al vaivén de las olas adormido
y envuelto dulcemente
en pañales de espumas,
jirones de la túnica de armiño
de tus playas bravias,
¡huérfano de la historia! un mundo niño. —
¡ Con cuánto amor velabas
su cuna, y qué sombrías
nieblas sobre tu frente desplegabas
para que el aire errante, el viento inquieto,
y el astro vagabundo
no fuesen a contarle tu secreto
a la codicia insana de otro mundo!
¡Con qué ansiedad te alzabas,
el labio mudo, palpitante el seno,
a interrogar el horizonte obscuro
de vagas sombras y rumores lleno,
cuando el alba indecisa aparecía
mensajera de Dios en el Oriente,
trayéndote perfumes de los cielos
para mojar tu frente !
¡Y qué grito salvaje,
mezcla de rabia y de pavor, lanzabas,
retorciendo los brazos,
cuando una vela errante aparecía,
y en la tarde, traía
bramando el oleaje,
de algún bajel deshecho los pedazos!

VII

¡ Siglos pasaron sobre el mundo, y siglos
guardaron el secreto!
Lo presintió Platón cuando sentado
en las rocas de Egina contemplaba
las sombras que en silencio descendían
a posarse en las cumbres del Himeto;
y el misterioso diálogo entablaba
con las olas inquietas

que a sus pies se arrastraban y gemían!
Adivinó su nombre, hija postrera
del tiempo, destinada
a celebrar las bodas del futuro
en sus campos de eterna primavera,
y la llamó la Atlántida soñada!
Pero Dios reservaba
la empresa ruda al genio renaciente
de la latina raza, domadora
de pueblos, combatiente
de las grandes batallas de la historia!
Y cuando fué la hora.
Colón apareció sobre la nave
del destino del mundo portadora, —
y la nave avanzó. Y el Océano,
huraño y turbulento,
lanzó al encuentro del bajel latino
los negros aquilones,
y a su frente rugiendo el torbellino
jinete en el relámpago sangriento!
Pero la nave fué, y el hondo arcano
cayó roto en pedazos
y despertó la Atlántida soñada
de un pobre visionario entre los brazos!
Era lo que buscaba
el genio inquieto de la vieja raza,
develador de tronos y coronas,
era lo que soñaba!
Ámbito y luz en apartadas zonas!
Helo armado otra vez, no ya arrastrando
el sangriento sudario del pasado
ni de negros recuerdos bajo el peso,
sino en pos de grandiosas ilusiones,
la libertad, la gloria y el progreso!
¡Nada le falta ya! lleva en el seno
el insondable afán del infinito,
y el infinito por do quier lo llama
de las montanas con el hondo grito
y de los mares con la voz de trueno!
Tiene el altar que Roma
quiso en vano construir con los escombros
del templo egipcio y la pagoda indiana,
altar en que profese eternamente

un culto sólo la conciencia humana !
Y el Andes, con sus gradas ciclópeas
con sus rojas antorchas de volcanes,
será el altar de fulgurantes velos
en que el himno inmortal de las ideas
la tierra entera elevará a los cielos!

VIII

¡Campo inmenso a su afán! Allá dormidas
bajo el arco triunfal de mil colores
del trópico esplendente,
las Antillas levantan la cabeza
de la naciente luz a los albores.
como bandadas de aves fugitivas
que arrullaron al mar con sus extrañas
canciones plañideras,
y que secan al sol las blancas alas
para emprender el vuelo a otras riberas!
¡Allá Méjico está! sobre dos mares
alzada cual granítica atalaya,
parece que aún espía
la castellana flota que se acerca
del golfo azteca a la arenosa playa !
Y más allá Colombia adormecida
del Tequendama al retemblar profundo,
Colombia la opulenta
que parece llevar en las entrañas
la inagotable juventud del mundo !
¡Salve, zona feliz! región querida
del almo sol que tus encantos cela,
inmenso hogar de animación y vida,
cuna del gran Bolívar! ¡Venezuela!
Todo en tu suelo es grande,
los astros que te alumbran desde arriba
con eterno, sangriento centelleo,
el genio, el heroísmo,
volcán que hizo erupción con roneo estruendo
en la cumbre inmortal de San Mateo!
Tendida al pie del Ande,
viuda infeliz sobre entreabierta huesa,
yace la Roma de los Incas, rota
la vieja espada en la contienda grande,

la frente hundida en la tiniebla obscura,
¡mas no ha muerto el Perú! que la derrota
germen es en los pueblos varoniles
de redención futura, —
y entonces cuando llegue,
para su suelo la estación propicia
del trabajo que cura y regenera
y brille al fin el sol de la justicia
tras largos días de vergüenza y lloro,
el rojo manto que a su espalda flota
las mieses bordarán con flores de oro!
¡Bolivia! la heredera del gigante
nacido al pie del Avila,
su genio inquieto y su valor constante
tiene para las luchas de la vida;
sueña en batallas hoy, pero no importa,
sueña también en anchos horizontes
en que en vez de cureñas y cañones
sienta rodar la audaz locomotora
cortando valles y escalando montes!
Y Chile, el vencedor, fuerte en la guerra,
pero más fuerte en el trabajo, vuelve
a colgar en el techo
las vengadoras armas, convencido
de que es estéril siempre la victoria
de la fuerza brutal sobre el derecho!
El Uruguay que combatiendo entrega
su seno a las caricias del progreso.
El Brasil que recibe
del mar Atlante el estruendoso beso
y a quien sólo le falta
el ser más libre, para ser más grande,
y la región bendita!
¡Sublime desposada de la gloria!
¡Que baña el Plata y que limita el Ande!
¡ De pie para cantarla ! que es la patria,
la patria bendecida,
siempre en pos de sublimes ideales,
el pueblo joven que arrulló en la cuna
el rumor de los himnos inmortales!
Y que hoy llama al festín de su opulencia
a cuantos rinden culto
a la sagrada libertad, hermana

del arte, del progreso y de la ciencia, —
¡la patria! que ensanchó sus horizontes
rompiendo las barreras
que en otrora su espíritu aterraron,
y a cuyo paso en los nevados montes
del Génesis los ecos despertaron!
¡La patria! que olvidada
de la civil querella, arrojó lejos
el fratricida acero
y que lleva orgullosa
la corona de espigas en la frente,
menos pesada que el laurel guerrero !
¡La patria! en ella cabe
cuanto de grande el pensamiento alcanza,
en ella el sol de redención se enciende,
ella al encuentro del futuro avanza,
y su mano, del Plata desbordante
la inmensa copa a las naciones tiende!

IX

¡Ámbito inmenso, abierto
de la latina raza al hondo anhelo!
¡El mar, el mar gigante, la montaña
en eterno coloquio con el cielo . . .
y más allá el desierto!
Acá ríos que corren desbordados,
allí valles que ondean
como ríos eternos de verdura,
los bosques a los bosques enlazados,
do quier la libertad, do quier la vida
palpitando en el aire, en la pradera
y en explosión magnífica encendida!
¡Atlántida encantada
que Platón presintió! promesa de oro
del porvenir humano. — Reservado
a la raza fecunda,
cuyo seno engendró para la historia
los Césares del genio y de la espada, —
aquí va a realizar lo que no pudo
del mundo antiguo en los escombros yertos,
la más bella visión de sus visiones!
¡Al himno colosal de los desiertos

la eterna comunión de las naciones!

Made in the USA
Las Vegas, NV
05 May 2024

89557595R00039